Numa pausa do meu silêncio...

Prefácio...

Porque a vida se vive vivendo...

Cesare Pavese, *Escritor italiano* - (1908-1950) - *escreveu um dia:* "*É* **bom escrever porque reúne as duas alegrias: Falar sozinho e falar a uma multidão**". *Zeca Soares, devido à tensão entre o empenho pessoal e a angústia existencial que percorre os seus poemas, fala da sua vida interior e partilha com os leitores essa sua luta por um lugar no mundo. As obras de Zeca Soares são um diário das suas vivências interiores, o que faz com que não seja um poeta qualquer, tudo nele é um turbilhão de emoções e de contradições, próprias de um Homem que escolheu viver á margem do mundo que não compreende. Em cada poesia, podemos ver um poeta a* mostrar o seu *EU*. Zeca escreve o que sente e tem a coragem de o mostrar ao mundo. Não se esconde no sentir e não se refugia nas palavras. O Zeca é um poeta que teve de procurar fora da sua terra a sua afirmação literária, pelo facto do mundo em que vive nunca ter percebido que a poesia é também o reflexo das vivências dos poetas. Zeca Soares não é um poeta da ilha, é uma ilha na multidão. Poeta que se fez e que se faz, sofrendo pelo facto da vida ser como é, e não como gostaríamos que ela fosse. O nosso Zeca, amigo do nosso amigo e companheiro da vida, procura nas palavras o sentido para a arte de viver como tantos que, como nós, procuram a felicidade nas contradições da vida. Zeca Soares é isso mesmo. Um poeta que escreve só e para o mundo e, como **Cesare Pavese**, só esperamos que o mundo o leia. O mundo, caro leitor, é eu e tu. O mundo somos todos nós...

Marco Silva (Advogado)

Nota de abertura

Escrevi muito. Publiquei muito. Cansei-me muito... Precisava de uma pausa na minha vida. Inconscientemente sabia disso. Mas conscientemente precisava dum motivo. Uma razão para que fizesse essa pausa. E encontrei essa razão. E na altura tomei a decisão que achei mais correcta, e mudei o rumo da minha vida. E durante um tempo deixei de publicar. Agora tinha paz mas não era feliz... Tinha abdicado do que mais amava: Publicar. Mas nunca deixei de escrever... Hoje essa razão deixou de existir em minha vida e hoje já posso publicar. Hoje tenho paz e sou feliz... Tentei mudar o rumo da minha vida, mas a vida ensinou-me que, por mais que tente, não posso fugir ao meu destino. E o meu destino é escrever... Estou simplesmente condenado eternamente às palavras... Vivo nelas e através delas, e hei-de morrer afogado no meio delas... Durante todo esse tempo que passou, muita coisa mudou em minha vida. O que vivi trouxe-me emoções novas, e sarou algumas feridas passadas. Mas também deixou-me marcas que carrego comigo para o resto da minha vida... Mas também fui muito feliz e seria muito injusto não confessar isso... Cresci um pouco mais com tudo isso... E estou aqui!... Quero partilhar consigo o que, entretanto, senti... Fiz uma pausa no meu silêncio para lhe contar isso... Espero que assimile e que, acima de tudo, sinta essa minha mensagem... Faça uma pausa comigo e vamos fazer essa viagem juntos para além do mundo do silêncio... Shiuuu... Vem...

Zeca Soares

Filosofia de Vida...

No meio do barulho e da agitação, caminhe tranquilo, pensando na paz que você pode encontrar no silêncio. Procure viver em harmonia com as pessoas que estão ao seu redor, sem abrir mão da sua dignidade. Fale a sua verdade, clara e mansamente. Escute a verdade dos outros, pois eles também têm a sua própria história. Evite as pessoas agitadas e agressivas: elas afligem o nosso espírito. Não se compare aos demais, olhando as pessoas como superiores, ou inferiores, a você: isso o tornaria superficial e amargo. Viva intensamente os seus ideais e o que você já conseguiu realizar. Mantenha o interesse no seu trabalho, por mais humilde que seja. Ele é um verdadeiro tesouro na contínua mudança dos tempos. Seja prudente em tudo o que fizer, porque o mundo está cheio de armadilhas. Mas não fique cego para o bem que sempre existe. Há muita gente lutando por nobres causas. Em toda a parte a Vida está cheia de heroísmo. Seja você mesmo. Sobretudo não simule afeição e não transforme o Amor numa brincadeira pois, no meio de tanta aridez, ele é perene como a relva. Aceite com carinho os conselhos dos mais velhos, e seja compreensivo com os impulsos inovadores da juventude. Cultive a força de espírito e você estará preparado para enfrentar as surpresas da sorte adversa. Não se desespere com perigos imaginários. Muitos temores têm sua origem no cansaço e na solidão. Ao lado de uma sadia disciplina, conserve, para consigo mesmo, uma imensa bondade. Você é filho do Universo, irmão das estrelas e das árvores; você merece estar aqui... E mesmo se não puder compreender, a Terra e o Universo vão cumprindo o seu destino. Procure pois estar em paz com Deus, seja qual for o nome que você lhe der. No meio de seus trabalhos e aspirações, na fatigante jornada pela Vida, conserve no mais profundo do ser, a harmonia e a paz. Acima de toda mesquinhez, falsidade, e desengano, o mundo ainda é bonito. Caminhe com cuidado, faça tudo para ser feliz, e partilhe com os outros a sua felicidade...

Esse texto foi encontrado em Baltimore, USA, na Igreja de Saint-Paul em 1632

As palavras sempre ficam...

"Se me disseres que me amas, acreditarei. Mas se me escreveres que me amas, acreditarei ainda mais. Se me falares da tua saudade, entenderei. Mas se me escreveres sobre ela, eu a sentirei junto contigo. Se a tristeza vier a te consumir, e me contares, eu saberei. Mas se a descreveres no papel, o seu peso será menor..." - (anónimo)

E assim são as palavras escritas... Possuem um magnetismo especial, libertam, acalentam, invocam emoções. Elas possuem a capacidade de, em poucos minutos, cruzar mares, saltar montanhas, atravessar desertos intocáveis. Muitas vezes, infelizmente, perde-se o autor, mas a mensagem sobrevive ao tempo, atravessando séculos e gerações. Elas marcam um momento que será eternamente revivido por todos aqueles que o lerem. Viva o Amor com palavras faladas e escritas. Mate saudades, peça perdão, aproxime-se... Recupere o tempo perdido, insinue-se... Alegre alguém, ofereça um simples "Bom dia"... Faça um carinho especial... Use a palavra a todo o instante, de todas as maneiras. Sua força é imensurável. Lembre-se sempre do poder das palavras...

"Quem escreve constrói um castelo, e quem lê, passa a habitá-lo..."

Autor desconhecido

Nota do autor

Todos os poemas dedicados "A ti...", são para alguém que eu amei muito e que, apesar de já não existir na minha vida, me fez muito feliz, e me fez crescer um pouco mais... A ti, que sabes quem és,

Obrigada... Que sejas muito feliz. Que Deus te ilumine e guarde.

Continuarei a amar-te para sempre em silêncio...

A ti...

"Vi em ti o que nunca tive, e agora que tenho o que nunca tive, tenho medo de perder o que nunca cheguei a ter... " - *Zeca Soares*

"Mesmo que venha a te perder um dia, nunca perderei o que um dia cheguei a ter, ou seja, o que sinto por ti..." - *Zeca Soares*

"A vida é uma comédia para os que pensam, e uma tragédia para os que sentem..." - *Horace Walpole*

"Amar é sentir os sacrifícios que a Eternidade impõe à Vida..." - *John Hobbes*

Numa pausa do meu silêncio...

Sê real...

Entre o sonho e a vida

Existe a irrealidade do existir

E dela não há saída

E lá não se consegue sentir

Entre o sonho e o tempo

Existe uma grande diferença

Que faz acontecer o contratempo

De uma falsa crença

Acreditar que a vida é linear

É acreditar no "não existir"

Amigo leitor deixa de sonhar

Não percas nunca o teu sorrir

Vive o sonho e esquece a vida

E vive a tua vida sonhando

Não caias num beco sem saída

E continua pelos teus sonhos lutando

Sonha, arrisca e apenas sê

Aquilo que um dia sonhaste

Sê aquele que apenas vê

Tudo o que concretizaste

E se o conseguires realizar

Transformaste o sonho em realidade

E verás que entre o sonho e o acordar

Existe a palavra irrealidade...

Portanto... Sê real...

Sonho desperto...

Entre o sonhar e o acontecer

Falta a palavra capacidade

A capacidade de simplesmente fazer

O sonho tornar-se realidade

E há aqueles que sonham

E os que conseguem concretizar

E estes nunca se envergonham

Do significado da palavra sonhar

Sonhar apenas não é suficiente

Tens de visualizar na tua mente

O que simplesmente queres realizar

Faz como eu que na minha mente vejo

Aquilo que realmente desejo

E verás o sonho despertar...

Antes sonhes...

Entre o querer ser e o ser

Existe a palavra sonhar

E é isso que nos faz crescer

É isso que nos faz voar

Sem sonhar como pode o Homem viver?

Como pode ele alcançar?

A Imortalidade do Ser

Se não consegue simplesmente sonhar?

Sem sonhar não é possível viver

E é-nos impossível crescer

Em direcção à Imortalidade

Pois se não sonhas não vives

E acredita não duvides

Morres numa estúpida incredulidade...

Não sei...

Não sei...

Não sei porque acordo triste

Porque te escrevo isto

Não sei se Deus existe

E porquê eu existo

Simplesmente já nada sei

Porque vivo, porque choro

Porque um dia amei

E porque tudo imploro

Não sei...

O porquê do Amor

O significado do perdão

O significado da dor

A leveza do coração

Não sei...

Mas também para quê saber?

Se saber é também chorar?

E se chorar é sofrer

Não vale a pena amar...

Não sei...

Minha estranha forma de te amar...

Pior do que essa ânsia do esperar

É essa ânsia do sentir

Que te posso fazer parar de chorar

Que posso te fazer voltar a sorrir

Se apenas eu pudesse

Te mostrar tudo o que sou

Se apenas eu pudesse

Te tirar a mágoa que alguém te deixou

Mas infelizmente não consigo

Já nem sei o que se passa comigo

Por isso em silêncio vou ficar

E neste meu silêncio hei-de sentir

Aquilo que um dia me fará sorrir

Nesta minha estranha forma de te amar...

Simplesmente acordei...

Adormeci na esperança de amar

E num intervalo dum pensamento

Dei comigo a sonhar

Que poderia conquistar esse sentimento

Mas acordei a tempo de saber

Que às vezes não se deve amar

Pois amar não é sofrer

Pois sofrer significa chorar

E chorando não se ama

Pois quem chora só se engana

Sei disso pois bastante chorei

Mas hoje já não choro

E a Deus agradeço e oro

Pois um dia simplesmente acordei...

Meu sorriso perdido...

Há coisas em que medito

Sonhos em que consigo flutuar

Coisas em que nem eu acredito

Um dia conseguir alcançar

Mas do sonho vou eu vivendo

E na realidade ando a sofrer

E só vou eu sofrendo

Perdido na eternidade do meu Ser

Mas antes vaguear perdido no vazio

Do que sentir esse nostálgico frio

De já nada conseguir sentir

Do que nessa realidade viver

E andar só pelos cantos a sofrer

E já não conseguir sorrir...

(Numa viagem que fiz...)

Solidão escolhida...

Vi para onde não queria

Nem nunca esperava voltar

E simplesmente sem saber o que sentia

Apenas ansiava parar de chorar

E aqui cheguei eu sozinho

Tentando meu passado esquecer

E só segui eu o meu caminho

Na esperança de não mais sofrer

Mas a dor insistiu em me perseguir

E já nada consigo sentir

E entrei nesse beco sem saída

E se vivo pelos cantos a chorar

Do que ando eu aqui a me queixar

Se foi esta a minha solidão escolhida?...

Sensibilidade fingida

Já dizia o grande Pessoa

Que o poeta é um fingidor

Tanto que isso me magoa

Como se pode fingir a dor?

A dor não se consegue fingir

A sensibilidade também não

Apenas se consegue sentir

Lá bem fundo no coração

Como se finge um sentimento?

Antes fingir sem fingimento

Uma dor deveras sentida

Do que fingir que não se sente

E este poeta não te mente

Nem tem sensibilidade fingida...

Quem sou eu?...

Beco perdido no Tempo

Vagueando no longínquo Espaço

Do coração e do sentimento

No refúgio de um regaço

Regaço no princípio do fim

Duma loucura desmedida

E ai, pobre de mim

Perdido nesse beco sem saída

E agora que me perdi

Como posso me encontrar?

E o que dia já senti

A leveza dum simples olhar

Lágrima que escorreu

Bem dentro em meu ser

E tudo o que era meu

Vagueou na companhia do sofrer

Sofrimento perdido e encontrado

Numa nova dor que apareceu

Hoje sou um Homem magoado

E pergunto a Deus quem sou eu...

Quem sou eu?...

Quem sou eu?...

Sim... Quem sou eu?...

Quem sou eu que isto sinto

Este bem querer sem querer saber?

Se no que digo se não minto

Gostaria que pudesses compreender

Compreender o que não tem explicação

Apenas sinto de uma forma diferente

Quem me conhece sabe a razão

Dessa confusão em minha mente

Atirei-me do abismo da loucura

E essa dor já não tem cura

Pois perdi tudo o que era meu...

E essa minha crise existencial

Deve-se ao facto de sentir-me tão mal

Ao não saber quem sou eu...

Angústia do pensar...

O simples acto de pensar

Bastante me angustia

Passo dias e noites a chorar

Enchendo-me de nostalgia

Nostalgia do que não conheço

Duma verdade que já não sei

E tudo o resto eu esqueço

E já nem sei o que chorei

Não vou chorar mais, não senhor

Já estou farto de chorar

Não me peçam por favor

Para voltar a pensar...

Angústia do meu sentir...

Nesta angústia do meu sentir

Nesta ânsia do meu viver

Perdi eu o meu sorrir

E fiquei sem perceber

O porquê dessa minha dor

E de minha alma rasgada

Vou-me fazer um favor

Não vou mais pensar em nada

Sempre que penso, desatino

Entro na euforia do sofrer

Meu coração parece um menino

Descalço pelas ruas, na chuva a correr

E a chuva molha, sabes bem
E acabas por ficar constipado
Não choro por mais ninguém
Não quero mais ficar magoado

Sem pensar e sem sentir
O que posso eu fazer?
Para recuperar meu sorrir?
Para evitar o meu sofrer?

Acho que vou parar de pensar
Não quero pensar em mais nada
Vou ouvir os pássaros a cantar
E andar só por essa estrada

No destino duma lágrima esquecida

A função de uma lágrima não sei

É uma função que desconheço

Tanto que nessa vida já chorei

Tanto que nunca mais esqueço

Mas talvez seja melhor não esquecer

O quanto nessa vida já sofri

Sofrendo consegui aprender

E foi aprendendo que vivi

Mas vivendo consegui entender

Que por vezes necessito chorar

E por mais que me façam sofrer

Às vezes preciso me refugiar

Então refugio-me na minha dor

E nela encontro minha guarida

Por vezes até esqueço o Amor

No destino duma lágrima esquecida...

A ti...

Porque te escondo minha dor...

Se minhas lágrimas pudessem levar

Esta dor que deveras sinto

Elas saberiam te explicar

A razão porque te minto

Minto quando estou feliz

Ou quando sorrio para ti

E o que sinto a ninguém se diz

Pois só eu sei o que senti

Senti e ainda ando a sentir

Por isso não te posso dizer

Porque te ando a mentir?

Para te esconder o meu sofrer

Sofrer que escondo dentro em mim

E que não to posso contar

Porque assim seria enfim

Eu e tu, os dois a chorar...

Lágrimas...

Mas o que são lágrimas a correr

O que significa elas a cair?

Sinónimo de meu sofrer?

Ou serão meu falso sorrir?

Sofrimento que se desabafa

Num suspiro deveras sentido

Uma dor que nos abafa

Na ânsia dum horrível gemido

Gemido que nos atravessa

A alma e o coração

E se há algo que a Deus peça

É que me tire dessa desilusão

Desilusão forçada pelo destino

Traçado no dia em que nasci

E hoje sou como um menino

Com a tristeza do que não vivi

E por não ter vivido hoje eu choro

E é por isso que ando a sofrer

E a Deus agradeço e oro

Por minhas lágrimas poder manter...

Chorar por alguém...

Porque ando eu aqui a sofrer

Por alguém que não me quer?

Será que vale a pena amar

Essa maldita Mulher?...

Mas essa maldita Mulher

Foi a Mulher que um dia amei

Hei-de chorar enquanto Deus quiser

Mas acho que já basta o que já chorei

Rios de lágrimas pelo chão

Levando uma dor derramada

Filtradas pela desilusão

De uma alma toda rasgada

Mas de que nos adianta chorar?

(Será que ela chora também?)

Será que vale a pena amar

Quando se chora por alguém?...

A arte...

Forma diferente de sentir

Uma nova maneira de ver

Estranha forma de exprimir

O que vai dentro do Ser

Inspiração que vira poesia

Na tela de um Pintor

Saudade virada nostalgia

Nas mãos de um Escritor

Sensibilidade de uma alma sofrida

Exprimida de forma sentida

E dela se faz um baluarte

Que nos aguenta e tira a dor

É Deus transformado em Amor

É o que eu entendo por arte...

?...

Do caos nasceu o Universo

E no Universo nasceu a Vida

Tenta perceber esse meu verso

Como sais desse beco sem saída?

As eternas dúvidas existenciais

Moram sempre em nossa mente

E soltam-se gemidos e ais

E as dúvidas mantêm-se eternamente

Então quem sou eu para querer

Tentar essa questão resolver

Se não sei quem e o que sou?

Antes morrer na ignorância

Do que viver a eterna ânsia

De saber o que se passou...

Eterna incógnita...

Tentei perceber o que não percebia

E fiquei sem nada perceber

E minh' alma apenas conseguia

Aumenta a confusão em meu ser

Ser?... Mas o que é o Ser?

Lá estou eu de novo a tentar perceber

O que minh' alma não consegue assimilar

Mas o Ser e o compreender

Fazem parte do Grande Ser

Que um dia Deus criou

E a esse Ser quero perguntar:

Mas que raio se anda a passar?

Ou será que nada se passou?...

Minha forma de ser feliz...

Sem falhar e sem querer

Dei comigo a pensar

No que poderia, ou não, entender

No que se estava a passar

E foi-se o tempo passando

E nada foi acontecendo

E eu já me fartando

De já nada estar querendo

Já nada queria, eu sei

Mas que posso eu querer?

Sou um ser banal que apenas amei

E que nessa vida veio morrer

E morrendo, vivo meu dia a dia

E um dia hei-de renascer

E quem sabe qualquer dia

Hei-de voltar a viver?

Mas enquanto vivo, não penso

Porque pensar não é viver

Pois quem pensa, anda tenso

Com ansiedade de morrer

E viver numa eterna ânsia

É pior do que morrer

Antes morrer na ignorância

De não pensar e de viver

Mas se viver é só isto

Quem quer saber de viver?

Faz como eu que desisto

Com cada dia a nascer

Morre a noite e nasce o dia

E a dúvida vai ficando

E com ela vem a nostalgia

Do querer estar explicando

E na vida nada se explica
Tudo acontece por acontecer

E apenas na alma fica
O que conseguires viver

Sonha, vive, e esquece a vida
E vive sem quereres viver
E sairás do beco sem saída
E finalmente irás saber

Que a fórmula de ser feliz
É viver sem querer saber
E o que sinto a ninguém se diz
É a minha maneira de feliz ser

Minha confissão...

A flor à lua pergunta:

És tão linda e tão só?

A lua claro que se magoou

Tanto que até meteu dó

Metia pena para ela olhar

Mas em silêncio ela ficou

Minhas lágrimas não paravam de cessar

Pois apercebi-me do que se passou

Então à flor me dirigi:

Tens noção do que eu senti

Ao ofenderes a lua assim?

Somos companheiros da solidão

E digo-te de coração

Nunca tive nada assim...

O sorriso de Deus...

Um Anjo essa noite me acordou

E quis ele comigo desabafar

Tanto que aquele Anjo chorou

Por fim éramos os dois a chorar

Mágoas do mundo e de toda a gente

Aos poucos ele desabafou

E fui gravando em minha mente

Tudo o que lhe magoou

Disse-lhe: Pede ajuda a Deus

Ele acenou-me e disse-me Adeus

E chorando para o Céu partiu

Lembro-me que uma estrela brilhou

E uma brisa por mim passou

E Deus para mim sorriu...

Meu abismo...

Houve um dia que conheci o Amor

Mas o Amor não me conheceu

Ele deu-me apenas dor

E tirou-me tudo o que era meu

E então apenas me perguntei:

O que fiz para isso merecer?

Se depois de tudo o que amei

Como posso estar ainda a sofrer?

Então apercebi-me do seguinte

No Amor sou um pobre pedinte

E hei-de passar toda a vida a pedir

Que alguém me tire essa dor

E me dê a conhecer o Amor

E de novo me faça sorrir...

Impossível gostar...

Não gosto do impossível
E detesto o que quero
Odeio o possível
E nunca tenho o que espero

Do impossível não posso gostar
Pois é impossível o conseguir
E o que quero só posso detestar
Porque nunca o hei-de sentir

E aquilo que nunca se consegue
É tudo o que mais se pede
E realmente nunca se tem

E se detesto o que mais quero
É porque estou farto do que espero
E o que espero nunca vem...

Não penses...

Gosto das coisas como são

Sem pensar e sem sentir

É mais leve para o coração

É mais fácil assim sorrir

Pois quando se pensa profundamente

A confusão se instala

No nosso coração e na nossa mente

E depressa tudo abala

Tal é o tremor que se sente

E acredita que este poeta não te mente

Às vezes é melhor não pensar

Pois pensar é não existir

E perdes definitivamente o teu sorrir

E acabas simplesmente por chorar...

Apenas sente...

Pensar é não existir

E sentir é estar distraído

Então como posso conseguir sorrir?

Sinto-me apenas um Anjo caído

Anjo que suas asas perdeu

Porque infelizmente um dia amou

Por ter perdido o que era seu

E porque alguém tanto o magoou

Então um conselho vou-te dar

Por Amor nunca deves chorar

E este poeta não te mente

Pois quem te ama não te magoa

E faz como eu e Fernando Pessoa

E como nós apenas sente...

Meu lixo cultural...

Sou apenas mais um

Que contribui para o lixo cultural

E como eu não há nenhum

Mas não me levem a mal

Como eu há muitos mais

E acreditem que piores até

Com falsos gemidos e ais

Nem sei como se aguentam de pé

Mas a hipocrisia é mesmo assim

Sinto até que nunca terá fim

Por isso continuo a escrever

E neste meu lixo cultural

É onde pára todo o mal

E acaba definitivamente o meu sofrer...

Mentir?!...

Mentir?... Para quê mentir?

Se mentir é não ser

Não ser capaz de existir

É simplesmente e apenas sofrer

Existir é ser verdadeiro

Tu na tua mais pura essência

Mentir é não saber teu paradeiro

É sentir a total ausência

Ausência do Amor e da Verdade

Presença da dor e do abismo

É nunca conseguir a liberdade

É viver no eterno egoísmo

Egoísmo de só apenas ser

Egoísta sou eu que não sei

Como me libertar do meu sofrer

Já não basta o quanto chorei?

Minhas lágrimas foram sinceras

Sinceridade do meu sentir

Minha dor essa foi deveras

A necessidade desse meu mentir...

A ti...

Às vezes...

Às vezes é preciso mentir

Para uma cruel verdade esconder

Ou começas a sentir

Aquilo que te fará sofrer

Pois é! Não sabias?

Às vezes antes não saber a verdade

Assim as tristezas e as nostalgias

Não se transformam em saudade

Às vezes...

Quando a dor quer chegar

E a felicidade teima em partir

Às vezes para não se chorar

É-se obrigado a mentir

Às vezes...

Faz como eu que te minto

E que não te digo o que realmente quero

E tudo aquilo que eu mais sinto

É definitivamente o que não espero

Pois, às vezes...

Nem sempre consigo ter

Tudo aquilo que me faria sorrir

Então para não ter de sofrer

Sou obrigado a mentir...

Às vezes...

Às vezes... (2ª parte)

Às vezes...

Tenho necessidade de escrever

Para a essa realidade fugir

Para não ter de me esconder

Do meu próprio sorrir

Às vezes...

Tenho necessidade de me refugiar

Para não ter de simplesmente ver

Com meus olhos o que me faz chorar

Com meu coração o que me faz sofrer

Por isso, às vezes...

Saio dessa realidade e entro no "meu mundo"

e lá mergulho nas minhas emoções

E sinto um Amor profundo

Banhado nas minhas sensações

E às vezes...

Me refugio para não chorar

Pois finalmente me apercebi

Que nunca mais consegui amar

Desde o dia em que te perdi

Por isso, às vezes...

Choro por te recordar

Choro por não te ter

Oro para que Deus possa me ajudar

A nunca te esquecer

Às vezes...

História do meu sofrer...

A chuva cai forte lá fora.

E eu aqui sem saber o que fazer

O que digo a esse meu coração agora

Já tão farto de sofrer?

Sozinho nessa mesa desse bar

Num canto escondido estou

A tentar não me recordar

De quem e o quê me magoou

Puta de merda essa vida

Aqui estou eu nesse beco sem saída

A tentar simplesmente esquecer

Tudo aquilo que me fizeram

E toda a mágoa que me deram

Nessa história do meu sofrer...

A ti...

Minha eterna dúvida...

Uma viagem astral eu fiz

E meu espírito pelo cosmos projectei

E o que senti a ninguém se diz

E só eu sei o que passei

Vagueei por universos e diferentes mundos

E tanta coisa eu aprendi

Do que pior do que os medos profundos

É não sentir o que senti

Nem vagueando pelo Infinito

Nem soltando um desesperado grito

Se consegui dessa dor me libertar

E por mais que tente esquecer

Não consigo simplesmente compreender

Porque ainda hoje te consigo amar?...

Minha estranha forma de sentir...

Há quem diga que não sei amar

E que apenas sei sofrer

Mas não posso concordar

Pois só eu vivi meu sofrer

Sofri bastante mas conheci o Amor

Das mais variadas formas possíveis

No Amor não há só dor

No Amor não há impossíveis

Sei amar o suficiente

E grava leitor em tua mente

Sei o que significa sorrir

Amar e ser amado

Mesmo estando magoado

Nessa minha estranha forma de sentir...

Porque não?!...

Te dizer tudo o que sinto

Se o "sentir" é o que me faz viver?

Que importa se eu te minto

E se a mentira te faz sofrer?

Não! Não quero saber
Se te magoa ou não
A Verdade é para se dizer
Mesmo que te traga desilusão

Então diz-me porque não
Devo dizer e criticar?
Pois na simbologia da desilusão
Não cabe só a palavra magoar

Mágoa? Nem vale a pena pensar
O significado da mágoa é relativo
Pois aquilo que te faz magoar
Pode não ser para mim significativo

Então, porque não?!...

Criticar a Guerra e o Amor

O terrorismo e a hipocrisia?

Se tudo isso só te traz dor

E se tudo isso é heresia

Então, porque não?...

Deixar de acreditar em Deus

Nesse Deus adormecido

Que à Humanidade disse Adeus

E do mundo anda esquecido

Ai...

Eu se pudesse o mundo mudaria

Mas como nada posso fazer

Até a Deus pediria

Para acabar com tanto sofrer

Mas parece que Ele não se importa

Com toda a dor e desilusão

E ao mundo fechou a porta

E bloqueou Seu Coração

Não é raiva não senhor

É apenas frustração

Então confesso toda a minha dor

E diz-me lá porque não?!...

Sentir sofrendo...

Quisera eu poder dizer

O que neste momento estou a sentir

Não sei se hei-de sofrer

Não sei se hei-de sorrir

Pois entre o sofrer e o sorrir

Não existe grande distância

É apenas o espaço de sentir

Dentro de ti uma enorme ânsia

Ânsia de conseguir decifrar

O que agora estás a passar

E simplesmente não consegues sentir

Então, se tu não sentes

Diz-me lá porque me mentes

Nesse teu estranho sorrir?...

Meu angustiado viver...

Para mim é um fardo viver

Custa-me tanto até acordar

Se se vive para sofrer

E se se vive só a chorar

De que vale a vida em si

Se tudo é sofrimento e dor?

Se soubesses as coisas que já senti

E de viver até guardo rancor

Odeio a Vida e anseio a Morte

Talvez fosse a minha melhor sorte

E acabasse esse meu sofrer

Mas enquanto minha morte não chega

Minh' alma apenas se aconchega

Nesse meu angustiado viver...

A ti...

Anjo revoltado...

Perdi uma asa e caí

E à Terra fui parar

Até que a conheci

A mulher que haveria de amar

E a amei intensamente

Como poeta ama a poesia

E gravei-a no meu coração e mente

E hoje recordo-a com nostalgia

E recordo-a porque a perdi

Se soubesses como me senti

Era um Homem extremamente magoado

Mas quis eu ao Céu voltar

E hoje já não consigo amar

Pois hoje sou um Anjo revoltado...

A ti...

Minha dolorosa saudade...

Perguntaram-me o significado do Amor

E lembro-me que não soube responder

É algo que se sente com dor

É algo que nos faz crescer

Ma esse crescer muito nos dói

Atravessa nossa alma e coração

É algo que nos atravessa e rói

Levando-nos o sabor da desilusão

Desilusão que nos faz sofrer

Mas que também nos faz crescer

Em direcção à Eternidade

Não sou fraco, não sou forte

Mas talvez preferisse a morte

Do que enfrentar essa saudade...

Ser Maior...

Estão-me sempre a perguntar

Porque estou sempre a escrever

É a minha forma de partilhar

O que vai dentro do meu Ser

Minha forma de querer dizer

O que em minh' alma estou a sentir

Minha maneira de não sofrer

E de fazer outros sorrir

É derramar a alma e coração

É esquecer esse amargo sabor a fel

É falar de Amor e Desilusão

Nesse pedaço de papel

É mostrar o que se sente

As coisas que se conseguem pensar

É ser aquele que não mente

Principalmente na hora de amar

É viver de mãos dadas com a solidão

É ser um pouco diferente

Vivendo com o coração na mão

E acredita que este poeta não te mente

É viver sozinho, é ser sensível

É a vida de um Escritor

Que mesmo não sendo possível

Consegue viver com a dor

Mas a dor nós reciclamos

E transformamos em algo melhor

E ao mundo nós mostramos

O poder de Ser Maior...

A ti...

Minha janela...

Olhei minha janela e abri

Descobrindo um mundo de emoções

E só eu sei o que senti

Mergulhando nessas novas sensações

Mas a janela voltei a fechar

Pois tinha medo de novo sentir

Aquilo que um dia me fez chorar

Aquilo pelo qual perdi meu sorrir

Então a janela não voltei a abrir

Com medo de não voltar a pedir

A Deus para me tirar da desilusão

De um dia ter amado

E por não saber ter fechado

A janela desse meu coração...

Não devo sofrer...

Já não consigo perceber

O porquê dessa minha dor

Porque raio ando eu a sofrer?

Por ter perdido aquele Amor?

Aquele Amor que tanto me fez sofrer?

Porque haveria de nele pensar?

Apenas apetece-me esquecer

A razão desse meu chorar

Porque um dia o Amor partiu

E nem sequer se despediu

Não devo mais sofrer

Por algo que não me merece

Por algo que apenas se esquece

Porque acabou por morrer...

Minha viagem...

Porque quero o que não posso ter?

E não tenho o que quero?

Assim passo a vida a sofrer

E nunca tenho o que mais espero

Mas esperar é desiludir

E é uma desilusão em vão

Não esperes e a Vida há-de te sorrir

Tirando-te dessa desilusão

Esperamos o que nunca temos

E nunca temos o que queremos

Mas a vida é mesmo assim

Mas para que eu pudesse lá chegar

Tive simplesmente de viajar

Ao princípio do meu fim...

Minha desesperada esperança...

Sinto-me só, terrivelmente só

Sem saber o que fazer

Até chega a meter dó

Como acabar com esse meu sofrer?

Ando a chorar assim perdidamente

Tentando enganar a solidão

Gravada em meu coração e mente

Rasgando esse meu pobre coração

Porque um dia o Amor partiu

Uma lágrima simplesmente caiu

E agora não sei parar de chorar

Mas enquanto há vida há esperança

E tal como uma criança

Tenho esperança de voltar um dia a amar...

A ti...

Razão de meu sofrer...

Um dia uma lágrima caiu

E nunca mais parei de chorar

Pois um dia o Amor partiu

E hoje já não sei mais amar

Mas antes não ter do que perder

Do que ter e perder um dia

Mas vale só e não sofrer

Do que recordar com nostalgia

Eu perdi sem sequer saber

A razão de meu sofrer

E ainda hoje simplesmente não sei

A razão porque sofri

Foi porque simplesmente um dia perdi

Aquela que um dia mais amei...

Apenas sofro...

Já dizia o grande **Pessoa:**

"Finge, mas finge sem fingimento"

Mas se essa dor tanto me magoa

Como posso fingir meu sentimento?

Sentimentos não se podem fingir
Por vezes nem se podem esconder
Sentimentos só se podem sentir
Mesmo que isso nos faça sofrer

E com minhas lágrimas a cair
Como posso essa dor fingir?
E viver outro sentimento?

Amigo, não finjo essa dor
Foi por ter perdido aquele Amor
Que hoje finjo sem fingimento...

Apenas sofro...

A ti...

Meu último desejo...

A vida decidiu me tramar

E me tirou aquela que mais amei

Ainda hoje tento não lembrar

Nos rios de lágrimas que chorei

Apesar de todas as lágrimas derramadas

E de todos os problemas que passamos

E de nossas vidas terem sido descruzadas

Tanto mas tanto que nos amamos

Agora apenas anseio morrer

Reencarnar e de novo viver

E viver só para te amar

Quem sabe se a com a minha morte

Muda um pouco a minha sorte

E possa finalmente parar de chorar?...

Apenas dizem...

Dizem...

Dizem que a angústia magoa
E que só nos traz rancor
Por vezes até parece que **Pessoa**
Apenas ele conhecia a dor

Quem conhece a angústia como nós
Não liga ao que andam a dizer
Pois nunca nos sentimos sós
Estarmos sós é a nossa maneira de viver

Que me importa o que andam a dizer?
Só eu sei o que estou a sentir
Se acham que isso é sofrer
Como explicam o meu sorrir?

Eu sinto duma forma diferente

E vivo num mundo de Amor

Sou um Ser inexistente

Nesse vosso mundo de rancor

Esse vosso mundo é vergonhoso

É mais amargo do que o fel

E do que o veneno mais perigoso

Por isso antes escrever nesse papel

Nele derramo minha alma e coração

E isso no vosso mundo não posso fazer

Seria uma enorme frustração

Pois no vosso mundo o Homem não pode sofrer

Então no meu mundo me refugiei

E dizem que hoje vivo angustiado

E que já nem me lembro se amei

Ou se trago uma dor do meu passado

Prefiro nem sequer responder

O que penso nem o que sinto

Antes em silêncio sofrer

Do que pensarem que minto

Antes em silêncio ficar

E não ligar ao que andam a dizer

Pois aí é que irei chorar

Nessa altura é que irei sofrer

Então passei a não ligar

Ao que dizem de mim por aí

Antes em silêncio ficar

E ficar escrevendo por aqui

Pelo menos aqui ninguém me conhece

E aqui não podem falar

E tudo o mais se esquece

E no resto tento não pensar

Pois quando penso começo a ver

Porque andam para aí a falar

Depois não compreendem a angústia do sofrer

Que um poeta por vezes tem de passar

Hoje até dizem que eu

Já nem sequer sei amar

E que meu coração já não é meu

E que por isso ainda ando a chorar...

Dizem...

Apenas dizem...

Minha doce desilusão...

Se teu Amor pudesse levar

Essa dor que deveras sinto

Pararia nesse dia de chorar

E saberias que não te minto

Mas foste e não vieste me buscar

E nessa dor sozinho mergulhei

Passo os dias e as noites a chorar

Já nem sei se um dia amei

Amor? Palavra estranha que não consegue

Definir o que sinto e senti

E hoje apenas meu coração pede

Que te mostre como morri

Morri para o Amor e para toda a gente

Porque teu Amor um dia partiu

E ando assim a chorar perdidamente

Desde que aquele Anjo me sorriu

Sorriso que escondia a tristeza

De não me querer falar

Porque hoje vivo na incerteza

E nem sei se me chegaste a amar...

A ti...

Confissão...

Entre o que sou e o que sinto

Entre o real e o irreal

Fica a razão porque te minto

Dessa forma irracional

Nunca chegarias a compreender

Porque sinto e sou assim

E nunca irias entender

Nem um pouco de mim

Então prefiro te omitir

A razão desse meu mentir

Do que te dizer a verdade

Assim não chegas a sofrer

Por uma dor que veio a nascer

Escondida na palavra Saudade...

A ti...

Obrigada...

Minha alma estava ferida

No dia em que te conheci

Sofria uma dor bastante sentida

Que passou quando te vi

Quisera eu que pudesses acreditar

Que tudo aquilo que estou a sentir

É uma nova forma de amar

É uma nova forma de sorrir

Sorriso que um dia me trouxeste

Como foi que tu pudeste

Me tirar daquela dor?

Acreditaste que eu poderia sentir

Sorriste-me e devolveste-me o sorrir

E deste-me a conhecer o Amor...

A ti...

Nosso Amor pouco durou

Mas foi lindo enquanto existiu

De repente tudo acabou

E uma nova dor surgiu

Dor que aos poucos criou raiz

E penetrou fundo em meu Ser

Mas o que sinto a ninguém se diz

Hei-de sozinho sofrer

Minhas mágoas guardo-as para mim

É a minha maneira enfim

De ir lidando com essa dor

Assimilo, reciclo e transformo

E a Deus agradeço e oro

E Ele transforma em Amor...

Minha esperança...

O que ficou para trás, ficou

Não vale a pena lembrar

Tudo o que me magoou

E o quanto me fez chorar

Num futuro tão presente

Num passado que partiu

Nesse presente tão ausente

Uma nova dor surgiu

Mas sei que o meu sofrer

Fará meu espírito crescer

E libertar-me-á dessa dor

E mais leve hei-de seguir

E pelo caminho a sorrir

Hei-de encontrar o Amor...

Enquanto meditava...

Numa noite enquanto meditava

Em minha Consciência mergulhei

E sem saber onde estava

Uma dor perdida lá encontrei

Imediatamente de mim a expulsei

E ela partiu sem nada dizer

Lembro-me que bastante chorei

Mas senti que estava a crescer

Então meu espírito elevei

E finalmente lá encontrei

A paz que tanto procurava

E aos poucos fui-me libertando

Do que me estava magoando

Naquela noite enquanto meditava...

A ti...

Nostalgia...

Conscientemente já sabia

Que o fim estava perto

Inconscientemente já previa

Aquilo que considerava incerto

Mas partiste e não mais voltaste

E confirmou-se o que eu já suspeitava

Como foi que me abandonaste

Se eu nem sabia o que se passava?

Nunca soube. E parece que nunca irei saber

O que me fez te perder

Foi contigo naquele dia

E em silêncio eu fiquei

E em silêncio bastante chorei

E hoje vivo da nostalgia...

Nesse meu silêncio...

As mágoas fizeram-me chorar

Mas também me fizeram crescer

Ao ponto de me libertar

De algo que me fazia sofrer

Uma nova etapa começou

E não vou olhar mais para trás

Agora que tudo acabou

Só me resta a minha paz

E em paz eu vou seguir

Em frente sempre sozinho

E um novo Amor há-de surgir

A meio do caminho

Enquanto esse amor não chega

Vou simplesmente em silêncio ficar

E nesse silêncio minh' alma aconchega

A dor de não te poder amar...

No enigma dum sentimento...

Passo horas a olhar o Céu

Vendo as estrelas e o seu esplendor

A noite cobrindo-me com seu véu

E eu ali suspirando por Amor

Amor que teimou em não ficar

Amor que teimou em partir

E à noite ali a chorar

Alívio com ela meu sentir

E a noite faz-me relaxar

Por isso passo as noites a chorar

Aliviando assim meu sofrimento

À noite agradeço e choro

E na companhia dela a Deus oro

No enigma desse sentimento...

A resposta de Deus...

A Deus perguntei a razão

Porque havia perdido aquele Amor

E no meio duma oração

Ouvi a Voz do Senhor:

"Filho Meu, Filho Meu

Aquilo porque tens de passar

Não é teu mas sim Meu

Essa cruz vais ter de a carregar"

Porquê Senhor, se não quero?

E se de Ti já nada espero

Porque tenho de por isso passar?

"Não queres mas vais fazer

E só assim irás crescer

Ser livre e finalmente amar..."

Numa conversa com Deus...

Numa conversa com o Criador

Tive a coragem de Lhe perguntar:

"Porque dói tanto o Amor?"

E Deus começou a chorar

Nas Suas lágrimas eu senti

A dor em Seu coração

E a resposta eu ouvi:

"Serve para a Exaltação"

Exaltação?, perguntei eu

Desculpe Senhor, não percebi

"O que é Meu só é teu

Se sofreres o que Eu sofri"

"Jesus conseguiu aguentar

E hoje Ele vive em Mim

E se tu o conseguires suportar

Será esse também o teu fim"

Leva-me para Ti Senhor

Não aguento mais sofrer

Pois perdi o meu grande Amor

E já nem me apetece viver

"Filho, aprende a escutar

E agradece sempre o sofrimento

Sempre que estiveres a chorar

Estarei contigo em pensamento

Pensas em Mim, eu sei

E por vezes pensas até que desapareci

Mas a teu lado tanto que já chorei

E a teu lado Eu sempre sofri

Portanto sofre pacientemente

E um dia irás perceber

Grava nessa tua mente

Foi para que pudesses crescer"

Senhor, então porque dói tanto
Esquecer essa amarga dor?
"Filho, não queiras ser Santo
Se não souberes sofrer por Amor"

Senhor, quero crescer
E Sabes que não Te minto
Mas porquê tanto sofrer?
Se Tu bem sabes o que sinto?

"Filho, aprende a crescer
E nunca esqueças esse Amor
Pois ele é que te fará perceber
Porque permiti essa tua dor

O que agora não consegues perceber
Um dia Me agradecerás
Nesse dia acabaste de crescer
E conhecerás a Minha Paz

Paz que nem o mais sublime Amor

Um dia te poderia dar

Sente e agradece essa dor

E vem nos Meus braços te deitar"

Então deitei-me nos braços de Jesus

E ele tomou a minha dor

Senti o peso da Cruz

Mas saboreei o Seu Amor...

Despedida...

Agora já consigo perceber

Porque tive de passar

Por aquilo que me fez sofrer

Por aquilo que me fez chorar

A dor levou-me à Oração

As lágrimas à Leveza do Ser

Seguiu-se minha Exaltação

E percebi o meu sofrer

Tive de sofrer muito para lá chegar

Mas valeu a pena tudo o que sofri

Senti Deus a me abraçar

E só eu sei o que senti

Agora que O sinto perto de mim

Já nada consegue me abalar

E na tristeza desse fim

Só Ele pode me amparar

Nele encontrei Paz e Amor

Nele encontrei a solução

Para ultrapassar aquela dor

Que me trespassava o coração

Hoje sei o que espero

E onde quero chegar

Mas por agora apenas quero

No meu silêncio ficar

Se um dia quiser quebrar

Esse silêncio e responder

Porque quis em silêncio ficar

Direi: "Para meu sofrimento esconder"

Hoje esse silêncio se quebrou

Apenas para poder partilhar

Aquilo que tanto me magoou

Mas que tanto me fez amar

Amei e fui muito amado

Por isso esse silêncio quebrei

Para que o meu passado

Te contasse o quanto amei

Amei?... Oh Deus até parece

Que já não consigo amar

Um Amor assim não se esquece

Mesmo que o silêncio teime em ficar...

Nota do autor

Esses são alguns poemas que acrescentei já nessa nova edição desse livro... Foram poemas escritos recentemente...

São dias...

Tenho dias...

Que fico sem saber o que fazer

Que sinto que fico sem pensar

Sem saber se ando a sofrer

Sem saber se ando a chorar

Tenho dias...

Que quero desse sonho sair

Quero noutra realidade acordar

Quero um dia voltar a sorrir

Desejo um dia voltar a amar

São dias...

Mas também tenho dias

Que desejo ver um diferente olhar

Que me quebre as nostalgias

Que me faça voltar a amar

Tenho pena desses dias...

Pois sei que nada nem ninguém

Me consegue tirar dessa dor

Pois houve um dia alguém

Que me fez desacreditar no Amor

São dias...

Mas que Deus existe, eu sei

Que um dia há-de me compensar

Por tudo o que sofri e chorei

Um dia hei-de voltar a amar

Nesses dias...

Espero sinceramente encontrar

Alguém que me venha tirar

Essas memórias e nostalgias

Quero um dia deixar de sofrer

Amar e de novo viver

A esperança desses dias...

São dias...

Não consigo...

Não consigo...

Não consigo simplesmente esquecer

Tudo aquilo que se passou

Não dá para compreender

Porque tanto a vida me magoou

Não consigo...

Perceber porque não consigo mais amar

Porque raio não sai essa dor?

Já estou farto de chorar

Já estou farto do Amor

Já não consigo...

Perceber porque tem de ser assim

Querer e não poder ter

E no princípio do meu fim

Finalmente comecei a perceber

Porque não consigo...

Aceitar que tive de perder

Aquela que mais amei

Acabei por simplesmente crescer

Hoje percebo porque chorei

Já consigo...

Perceber porque teve de ser assim

E porque pertence ao passado

Essa réstia de mim

Que só me deixou magoado

Só não consigo...

De novo voltar a amar

De novo voltar a sorrir

Quero deixar de chorar

Quero um dia partir...

Não consigo...

Já posso amar...

O tempo passa. A vida passa. A nostalgia fica.

O tempo corre. A vida é nada. Essa dor que pica.

Pica e fere. Rói e destrói. Renasce e volta a viver...

Abre feridas, soltam-se lágrimas, e volta a vontade de morrer...

Tédio renascido duma dor esquecida,

Mágoa que volta duma dor perdida...

Estranhos olhares que se cruzam com o meu,

Tentando deixar uma mensagem ficar...

Meu coração destroçado que um dia foi teu,

Teima em simplesmente não olhar...

Não ligo, não posso, não quero,

Simplesmente não posso mais amar...

Pois aquilo que do Amor espero,

O passado teimou em tirar...

Hoje mais nada tenho a perder,

E deixo o tempo passar...

Aquele Amor que veio a morrer,

A saudade não deixa levar...

E por isso...

O tempo passa. A vida passa. A nostalgia fica.

O tempo corre. A vida é nada. Essa dor que pica.

Pica e fere. Rói e destrói. Renasce e volta a viver...

E em silêncio...

Choro e te recordo,

Oro e deixo-me levar...

E amanhã já não recordo,

E amanhã já posso amar...

Um dia...

Um dia...

Quando tudo isso passar

Quando tudo isso se resolver

Hei-de parar de chorar

Hei-de voltar a viver

Nesse dia...

Hei-de voltar a amar

Hei-de voltar a sorrir

Hei-de voltar a voar

Hei-de voltar a sentir

Nesse dia...

Há-de finalmente passar

Toda a mágoa, toda a dor

E a mágoa irá acabar

E irá renascer o Amor

O Amor é como o mar

Vai, volta, e torna a ir

Mas acaba sempre por voltar

E acabamos sempre por sorrir

Não te importes de chorar

Não tentes perceber teu sofrer

Hás-de voltar a amar

Hás-de voltar a viver

A vida é mesmo assim

E crescemos a cada dia

E no princípio do fim

Resta-nos apenas a nostalgia

Nesse dia...

Apenas recordamos o Bem

E a vida tem mais sabor

E aí percebemos como ninguém

O significado da palavra Amor

Já percebi por isso sei

Que vale a pena chorar

Pois por tudo o que um dia chorei

Um dia hei-de voltar a amar...

Um dia...

Esse poema foi escrito muito recentemente mesmo, há apenas umas duas semanas atrás e é dedicado á minha namorada...

Um dia escrevi isso para ti...

Já foste minha e eu teu

E de um passamos a ser dois

Hoje eu já não sou eu

Não sou o Agora, ou o Durante, sou apenas o Depois

Depois de ter tudo não tenho nada

E já nada posso fazer

Resta-me apenas o pó dessa estrada

O caminho que tenho de percorrer

Já ando ferido e muito cansado

De mágoas que trago do meu passado

Não esperava agora de repente te perder

Mas digo-te muito sinceramente

Guardar-te-ei no meu coração e mente

E amar-te-ei até morrer...

A ti...

Deixa-me amar... Nem que seja em silêncio... Se bem que, às vezes,

apetece-me fazer uma pausa... Mas o Amor acaba sempre por

falar mais alto... E nunca deixo de amar...

O Guerreiro da Luz recorda um trecho de John Bunyan:

"Embora tenha passado por tudo o que passei, não me arrependo dos problemas em que me meti, porque foram eles que me trouxeram até onde desejei chegar. Agora tudo o que tenho é esta espada, e entrego-a a todo aquele que desejar seguir a sua peregrinação. Levo comigo as marcas e cicatrizes dos combates; elas são testemunhas do que vivi, e recompensas do que conquistei. São estas marcas e cicatrizes queridas que me vão abrir as Portas do Paraíso. Houve uma época em que escutei histórias de bravura. Houve uma época em que vivi apenas porque precisava viver. Mas agora vivo porque sou um Guerreiro, e porque quero um dia estar na companhia Daquele por quem tanto lutei..."

in "Manual do Guerreiro da Luz" - Paulo Coelho

Fim

Zeca Soares

Biobibliografia

Livros

"Essência perdida" - (Poesia - *Edição de autor*)

"Lágrimas de um poeta" - (Poesia - *Edição de autor*)

"Alma ferida" - (Poesia - *Edição de autor e 2ª edição Amazon - USA*)

"Ribeira Grande... Se o teu passado falasse" - (Pesquisa histórica - *Edição de autor*)

"Diário de um homem esquecido" - (Prosa - *Editora Ottoni - São Paulo-Brasil*)

"Numa Pausa do meu silêncio" - (Poesia - *Edição de autor e 2ª edição Amazon - USA*)

"Libertei-me por Amor" - (Romance - *Papiro Editora - Porto, e Amazon - Washington*)

"A Promessa" - (Romance - *Edições Speed - Lisboa, Edições Euedito -*

Seixal e *Amazon* - E.U.A.)

"Mensagens do meu Eu Superior" - (Esotérico/Espiritual - *Amazon* – E.U.A)

"Amei-te, sabias?" - (Romance - *Amazon* - E.U.A.)

"Quase que te Amo" - (Romance - *Amazon* - E.U.A.)

"Tão perto, tão longe" - (Romance - *Amazon* - E.U.A.)

"Para Sempre" - (**"Mensagens do meu Eu Superior 2"**) -

(Esotérico/Espiritual - *Amazon* - E.U.A.)

"Carpe Diem" - (**"Mensagens do meu Eu Superior 3"**) -

Esotérico/Espiritual - *Amazon* - E.U.A.)

"O Escriba" - ("Poesia" - *Amazon* - E.U.A.)

"O Céu não fica aqui" - (Romance - *Amazon* - E.U.A.)

"Eu tive um sonho" - (Romance - *Amazon* - E.U.A.)

"O livro que nunca quis" - (Romance - *Amazon* - E.U.A.)

"Conheci um Anjo" - (Romance - *Amazon* - E.U.A.)

"Já posso partir" - (Romance - *Amazon* - E.U.A.)

Colectâneas

"Poiesis Vol X" - (*Editorial Minerva* - 57 autores)

"Poiesis Vol XI" - (*Editorial Minerva* - 67 autores)

"Verbum - Contos e Poesia" - (*Editorial Minerva* - 20 autores - Os Melhores 20 Poetas de Portugal)

" I Antologia dos Escritores do Portal CEN" - Os melhores 40 Poetas Portugal/Brasil - *Edições LPB* - São Paulo - Brasil).

"Roda Mundo - Roda Gigante 2004" - (Os melhores 40 Poetas do Mundo, que foram apurados do **3º Festival Mundial de Poesia** de S. Paulo, em que Zeca Soares representa sozinho Portugal nessa colectânea - *Editora Ottoni e Editora Sol Vermelho - SP - Brasil. Colectânea bilingue distribuída* por 43 países - *(os países de origem dos poetas vencedores)*

"Agenda Cultural Movimiento Poetas del Mundo 2015" - *(Colectânea Internacional de Poesia em que engloba alguns dos melhores poetas do mundo* - **Apostrophes Ediciones - Chile 2015)**

"Tempo Mágico"- Colectânea Nacional de Poesia e Prosa Poética, que engloba alguns dos melhores Poetas e Prosadores do pais intitulada **"O Tempo Mágico"** - *(Sinapis Editores)*

Concursos

- **Concurso Nacional de Pesquisa História.** Zeca Soares concorreu com o seu livro *"Ribeira Grande... Se o teu passado falasse..."*, na corrida ao

Prémio Gaspar Fructuoso, com o seu livro de 660 páginas de História da

cidade da Ribeira Grande, em que arrecadou o 4º lugar)

- *Concurso Nacional de Guionismo* - (Inatel)

- *Concurso Nacional de Guionismo* - *"Melhor Guionista Português"* -

(Lisboa)

- *Concurso Nacional de Poesia Cidade de Almada Poesia 2003* -

(Almada)

- *Concurso Nacional de Poesia Manuel Maria Barbosa du Bocage* -

(Setúbal)

- *Concurso Internacional de Poesia Livre* na corrida ao **Prémio Célito**

Medeiros (SP - Brasil)

- *Concurso Internacional de Poesia Pablo Neruda* - (SP - Brasil - Junho

2004)

- *I Concurso Internacional de Literatura da Tapera Produções Culturais* -

(SP - Brasil)

- *IX Concurso Internacional Francisco Igreja* - (SP- Brasil)

- *V Concurso Literário do Grande Livro da Sociedade dos Poetas*

Pensantes - (SP-Brasil-)

- *3ºFestival Mundial de Poesia* - (SP- Brasil -Verão 2004)

- *4ºFestival Mundial de Poesia* - (Chile -Verão 2005)

- *Concurso Nacional "Meu 1º Best Seller"* com organização das **Edições**

ASA - com o seu conto *"Libertei-me por Amor..."* - ficando nos primeiros

10 finalistas entre mais de 2000 Romances de todo o país.

- *Concurso Prémio Literário Miguel Torga* - Concorreu com o romance *"A Promessa"*

- *Amazon Breaktrough Novel Award 2004 -* Entre mais de 10 mil Escritores de todo o Mundo, Zeca Soares passou aos quartos-de-final com o seu romance *"A Promessa"*

+

Made in the USA
Columbia, SC
30 August 2022

65921922R00063